SPOT

RECORRIDO POR LA CIUDAD

ESTACIÓN DE AUTOBUSES

por Alissa Thielges

amicus
LEARNING

kiosco

rampa

Busca estas palabras e imágenes mientras lees.

refugio

mapa

Vamos a la estación de autobuses. ¿Qué veremos allí?

kiosco

Mira el kiosco.
Nina compra un pase.
Ahora ella puede viajar
en el autobús.

U
BUS
Tram
S
Tickets
MVV
MVG
Tickets
Tickets
CITYTOURCARD
Bitte Bildschirm berühren!
Please touch the screen!
Abbruch
easy
ICA

RA4-Hyde Park
8088S
MONDEGO
GAUTRAIN
BC 34 SH GP

Los autobuses van
por toda la ciudad.
Puedes subirte en una
parada de autobús.

CITY BUS ROUTES
ROUTE 1
ROUTE 2
ROUTE 3
ROUTE 4
ROUTE 5
ROUTE 6

mapa

Mira el mapa.
Muestra las rutas de autobús.
¿A dónde irás?

MOVIMENTO

rampa

Mira la rampa.
Una mujer viaja en silla de ruedas.
Es fácil subirse.

64-501

Mira el refugio.
Cubre los bancos.
Max no se moja.

refugio

Un autobús sale de la estación.
La próxima parada
es la biblioteca.
¡Allá nos vemos!